## COLLECTION D'UN AMATEUR

# AQUARELLES & DESSINS

## MODERNES

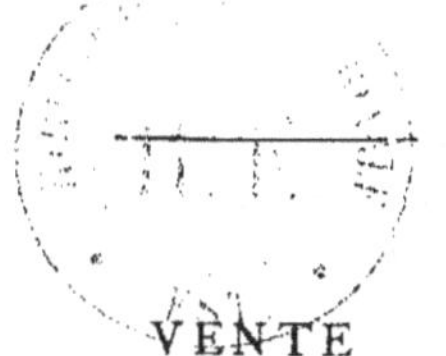

### VENTE

le Jeudi 8 Mars 1866, à deux heures précises

### EXPOSITION

le Mercredi 7 Mars 1866

Mᵉ Ch. **PILLET**, Commissaire-Priseur

M. Francis **PETIT**, Expert

PARIS. — IMPRIMERIE PILLET FILS AINÉ

5, RUE DES GRANDS-AUGUSTINS

# CATALOGUE

des

# AQUARELLES & DESSINS

## MODERNES

COMPOSANT LA COLLECTION D'UN AMATEUR

DONT LA VENTE AURA LIEU

## HOTEL DROUOT, SALLE N° 5

## Le Jeudi 8 Mars 1866

A DEUX HEURES PRÉCISES

---

Par le ministère de Me **CHARLES PILLET,** Commissaire-Priseur,
rue de Choiseul, 11,

Assisté de M. Francis **PETIT,** Expert, rue de Provence, 43,

*Chez lesquels se trouve le présent Catalogue.*

---

## EXPOSITION PUBLIQUE

*Le Mercredi 7 Mars 1866, de une heure à cinq heures.*

## CONDITIONS DE LA VENTE

Elle sera faite au comptant.

En sus des enchères les acquéreurs payeront *cinq pour cent*.

———

Paris. Imp. PILLET FILS AÎNÉ, rue des Grands-Augustins, 5.

# DÉSIGNATION

## BARON

*142*   1 — Pellegrini et ses filles.

> Aquarelle,

*200.*   2 — L'homme entre deux âges.

> Aquarelle.

*307.*   3 — La lettre d'introduction.

> Aquarelle.

## BELLANGÉ (H.)

*595.*   4 — Bataille de Waterloo.

> Aquarelle.

*1344.*

5 — Le retour du soldat au village.

Aquarelle.

6 — Grenadiers chargeant des Autrichiens.

Sépia.

7 — Grenadier de la garde en campagne.

Aquarelle.

## BIDA

8 — Cordier arabe.

Dessin rehaussé.

## ROSA BONHEUR

9 — Bœufs couchés dans un pâturage.

Sépia rehaussée.

## BONINGTON

10 — La lecture du page, scène vénitienne.

Aquarelle.

11 — Paysage : Le charriot.

Aquarelle.

12 — Paysage et figures, soleil couchant.

Aquarelle.

13 — Paysage, Le pêcheur.

Aquarelle.

14 — Marine.

Sépia.

15 — Les bords de la Loire, soleil couchant.

Aquarelle.

16 — Étude de pêcheurs.

Aquarelle.

17 — Enfants de pêcheurs.

Aquarelle.

## . CALAME

18 — Torrent traversant une vallée en Suisse.

Sépia rehaussée.

## CALLOW (W.)

19 — Journon sur le Rhône.

Aquarelle.

# CHARLET

20 — Le vin nouveau.

Aquarelle

21 — Concert burlesque.

Dessin.

22 — Le vieux poëte.

Sanguine.

23 — Feuille de divers croquis d'enfants.

Dessin à la plume.

# COUDER (Aug.)

24 — L'Adoration des Mages.

Aquarelle.

# DAUZATS

25 — Grande place et le théâtre à Bordeaux.

Aquarelle.

# DECAMPS

**26** — Singe jouant de la musette.

Aquarelle.

**27** — Famille arabe en voyage.

Aquarelle.

**28** — Galilée.

Aquarelle.

**29** Un Syrien.

Sepia.

**30** — Un Lavoir turc.

Dessin rehaussé d'aquarelle.

**31** — Paysage : le Héron (fable de Lafontaine).

Dessin rehaussé

**32** — Chiens bassets dans une cour.

Aquarelle.

**33** — Un Kiosque turc.

Dessin rehaussé.

34 — Chemin à travers bois, effet de soleil.

*Dessin rehaussé.*

35 — Rue d'un village italien.

*Dessin rehaussé.*

36 — Chasseurs dans une forêt, effet de soleil couchant.

*Dessin rehaussé.*

37 — Chercheur de truffes.

*Dessin croquis.*

38 — Femme juive.

*Dessin.*

## DELACROIX (Eug.)

39 — Faust à l'étude.

*Aquarelle.*

## DELACROIX (Aug.)

40 — Femme juive de Tanger.

*Aquarelle.*

## DREUX (Alfred de)

41 — Chevaux se battant.

Dessin.

42 — Steeple chase.

Aquarelle.

## DESHAYES (Eug.)

43 — Marée basse.

Aquarelle.

## DIAZ

44 — Page et châtelaine.

Aquarelle.

## DUPRÉ (Jules)

45 — Paysage et animaux ; une clairière.

Dessin rehaussé.

46 — La Saulée.

De charmants vers de Frédéric Bérat accompagnent ce dessin.

Dessin.

## FLERS

47 — Prairie normande.

Aquarelle.

## GAVARNI

48 — Le Juif-Errant.

Aquarelle.

## GRANDVILLE

49 — L'Olympe politique.

Dessin à la plume.

## GUDIN

50 — Plage de Hollande.

Aquarelle.

51 — Vaisseau en mer, effet de soleil.

Aquarelle.

# HAMON

**52 — Ma sœur n'y est pas.**

Dessin rehaussé.

# HILDEBRANDT (E.)

**53 — Port à marée basse.**

Aquarelle.

**54 — Négresse marchande de fruits.**

Aquarelle.

**55 — Le lac Georges au Brésil.**

Aquarelle.

**56 — Bateaux amarrés au rivage.**

Aquarelle.

# HOGUET

**57 — Cheval de paysan à un abreuvoir.**

Aquarelle.

**58 — Vue de Hollande.**

Aquarelle.

**59 — Moulin dans le brouillard.**

Aquarelle.

# INGRES

60 — Françoise de Rimini et Paolo.

Lavis rehaussé.

# ISABEY (Eug.)

61 — Barque de pêcheurs à marée basse sur une plage bordée de falaises.

Aquarelle.

62 — Un grain.

Aquarelle.

# JACQUE

63 — Une cour de ferme.

Dessin.

# JOHANNOT (Alf.)

64 — Henri II, Catherine de Médicis et leurs enfants.

Aquarelle.

## JOHANNOT (Tony)

65 — Une Idylle.

Aquarelle.

## JOYANT

66 — Une rue de Rome.

Dessin.

67 — Une ville d'Italie.

Dessin.

## LAMI (Eug.)

68 — Déjeuner dans les bosquets de Chantilly.

Aquarelle.

69 — Le foyer des artistes à l'Opéra.

Aquarelle.

## MARILHAT

70 — Les bords du Nil, effet de soleil couchant.

Aquarelle.

71 — Vue de Regga sur le Nil.

Dessin.

# MARSAUD

72 — Vieux garde-chasse.

Aquarelle.

# MEISSONNIER

73 — Pierre L'Hermite prêchant la croisade.

Aquarelle.

74 — Sentinelle perdue.

Aquarelle.

# PAPETY

75 — Napolitaine.

Aquarelle.

76 — Pèlerins au Saint-Sépulcre.

Aquarelle.

77 — Femme de l'île d'Ischia.

Aquarelle.

# PELLETIER DE METZ

78 — Groupe d'arbres à l'entrée d'un bois.

Sépia.

# RAFFET

79 — Le siége de Ptolemaïs

*Aquarelle.*

80 — Sapeurs et musiciens de la garde.

*Aquarelle.*

81 — Soldats du génie.

*Aquarelle.*

82 — Cheval de troupe

*Aquarelle.*

# ROQUEPLAN

83 — Barques de pêche, sur une plage à marée basse.

*Aquarelle.*

84 — Jeune page du temps de Louis XIII.

*Aquarelle.*

85 — Le chapeau de paille.

*Aquarelle.*

86 — Chevaux de hallage et charette de roulier.

*Sépia.*

*48,953.*

## SCHEFFER (Ary)

*2.480.*

87 — La femme Souliotes.

Dessin capital. Sépia.

## TESSON

*340.*

88 — Halte en Mingrelie.

Aquarelle.

## HORACE VERNET

*1050.*

89 — Le Passage des Portes de fer.

Sépia.

## WYLD

*200.*

90 — Environs de Strasbourg.

Aquarelle.

## ZIEM

*1120.*

91 — Grand canal de Venise, soleil couchant.

Aquarelle.

*54,143. =*

www.ingramcontent.com/pod-product-compliance
Lightning Source LLC
LaVergne TN
LVHW020852200726
843508LV00003B/1164